BEI GRIN MACHT SICH IHR WISSEN BEZAHLT

AF136359

- Wir veröffentlichen Ihre Hausarbeit,
  Bachelor- und Masterarbeit

- Ihr eigenes eBook und Buch -
  weltweit in allen wichtigen Shops

- Verdienen Sie an jedem Verkauf

Jetzt bei www.GRIN.com hochladen und kostenlos publizieren

GRIN

Bibliografische Information der Deutschen Nationalbibliothek:

Die Deutsche Bibliothek verzeichnet diese Publikation in der Deutschen National-bibliografie; detaillierte bibliografische Daten sind im Internet über http://dnb.d-nb.de/ abrufbar.

Impressum:

Copyright © 2018 GRIN Verlag
Druck und Bindung: Books on Demand GmbH, Norderstedt Germany
ISBN: 9783346025081

Dieses Buch bei GRIN:

https://www.grin.com/document/498165

Anonym

Koordinations-und Beweglichkeitstraining. Ein Trainings-plan

GRIN Verlag

GRIN - Your knowledge has value

Der GRIN Verlag publiziert seit 1998 wissenschaftliche Arbeiten von Studenten, Hochschullehrern und anderen Akademikern als eBook und gedrucktes Buch. Die Verlagswebsite www.grin.com ist die ideale Plattform zur Veröffentlichung von Hausarbeiten, Abschlussarbeiten, wissenschaftlichen Aufsätzen, Dissertationen und Fachbüchern.

Besuchen Sie uns im Internet:

http://www.grin.com/

http://www.facebook.com/grincom

http://www.twitter.com/grin_com

Deutsche Hochschule für
Prävention und Gesundheitsmanagement

Einsendeaufgabe

Fachmodul: Trainingslehre III

Studiengang: Gesundheitsmanagement

Studienort: **Saarbrücken**

Semester: **Wintersemester 2015**

Inhaltsverzeichnis

1 Personendaten

Tab.1: Allgemeine Daten und Beurteilung der Trainingsperson

Allgemeine Daten		
	Daten zur Person:	**Bewertung:**
Alter	28	Gutes trainierbares Alter
Geschlecht	weiblich	-
Körpergröße	176cm	Body Mass Index (BMI) 22,9
Körpergewicht	71 kg	Normalgewicht
Trainingsmotive	Verbesserung der Fitness, zur Fettreduktion und zum Muskelaufbau, Erhaltung des Gesundheitszustands sowie körperliches und geistiges Wohlbefinden, Verbesserung der motorischen Fähigkeiten und Verbesserung der Koordination.	Die Person treibt sehr gerne Sport und stellt sich neuen sportlichen Herausforderungen mit Freude. Die vielen verschiedenen Motive erleichtern die Erstellung und die Durchführung des Trainings.
Berufliche Tätigkeit	Duale Studentin (Bachelor in Gesundheitsmanagement)	Bewegung sowie sitzende Tätigkeiten im Büro sind ausgeglichen. Durch das Leiten vieler, abwechslungsreicher Sportkurse ist die Person sehr aktiv.
Sportliche Aktivitäten	**Frühere:** Seit Kindheit sportlich aktiv: Fahrradfahren, Inliner fahren, Schwimmen, Trampolin springen **Aktuelle:** 2x wöchentlich Krafttraining, 2-3x wöchentlich 60-90min spazieren im schnellen Tempo, 1x wöchentlich HIIT- Training	Die Person treibt fast täglich Sport in abwechslungsreichen Intensitätsklassen. Somit ist die Person sporterfahren und sehr gut belastbar.
Zeitlicher Verfügungsrahmen	Zwei Stunden 5 Tage/Woche	-
Biometrische Daten		
Allgemeiner Gesundheitszustand	Keine gesundheitlichen Einschränkungen in orthopädischer oder internistischer Hinsicht, keine Medikamenteneinnahme.	Die Person ist voll belastbar, da keine gesundheitlichen Einschränkungen vorliegen.
Fazit	Zusammenfassend lässt sich eine gute Trainierbarkeit und eine gute Belastbarkeit für die Trainingsperson festhalten. Durch die sportlichen	

	Vorkenntnisse und die persönliche Motivation ist somit ein abwechslungsreiches Training sehr gut plan- und umsetzbar. Auch die Trainingsmotive der Person sind klar benannt und breit gefächert, was der Person beim Erreichen ihrer Ziele zu Gute kommt.

2 Beweglichkeitstestung

Tab. 2: Manueller Beweglichkeitstest

Beweglichkeitstest			
Testübung:	**Ausführung:**	**Bewertung:**	**Ergebnis:**
M. pectoralis major (Großer Brustmuskel)	Mit angewinkelten Beinen (dient Beckenfixierung) liegt der Proband in Rückenlage auf der Behandlungsliege; Füße haben Kontakt zur Auflagefläche. Thorax wird leicht von Tester mit der Hand fixiert. Die zu testende Schulterseite wird bis zur Kante der Behandlungsliege herangezogen. Der Arm ist im Schultergelenk abduziert, außenrotiert und das Ellenbogengelenk liegt im 90° - Beugewinkel. Als Messbereich gilt die Position des Oberarms zur Horizontalen. Wichtig, Becken und Lendenwirbelsäule müssen fixiert bleiben (Beine anwinkeln, Bauchmuskulatur anspannen), da dies sonst das Testergebnis verfälscht (Janda, 2000, S. 270).	Stufe 0 = *Keine Defizite in der Beweglichkeit,* Oberarm erreicht Horizontale Stufe 1 = *Leichte Beweglichkeitsdefizite;* Oberarm erreicht Horizontale nur durch Druck des Testers Stufe 2 = *Deutliche Beweglichkeitsdefizite,* Oberarm erreicht Horizontale auch durch Druck des Testers nicht (Janda, 2000, S.271)	Rechts: 0 Links: 0 Keine Bewegungsdefizite auf der rechten und linken Seite. Uneingeschränkte Bewegung möglich (Janda, 2000).
M. iliopsoas (Hüftmuskulatur)	Der Proband liegt in Rückenlage auf der Behandlungsliege. Das Gesäß schließt dabei mit dem Rand der Behandlungsliege ab. Beine hängen hinter der Liege nach unten. Der Proband zieht ein Bein, in angewinkelter Position, maximal weit zum Körper heran. Das andere Bein hängt locker über. Die Hüftflexion des freien Beines wird nun beobachtet und somit getestet. Als Messbereich gilt die Position des Oberschenkels im	Stufe 0 = *Kein Beweglichkeitsdefizit,* Oberschenkel erreicht Horizontale Stufe 1 = *Leichte Beweglichkeitsdefizite,* Oberschenkel erreicht Horizontale durch Druck des Testers Stufe 2 = Deutliche Beweglichkeitsdefizite,	Rechts: 0 Links: 0 Keine Bewegungsdefizite auf der rechten und linken Seite. Uneingeschränkte Bewegung möglich (Janda, 2000).

	Verhältnis zur Körperlängsachse (Hüftbeugewinkel) (Janda, 2000, S. 258).	Oberschenkel erreicht Horizontale auch durch Druck des Testers nicht (Janda, 2000, S. 259)	
M. rectus femoris (gerader Oberschenkelmuskel)	Der Proband nimmt auf der Behandlungsliege die Rückenlage ein, wobei die Beine im Überhang sind und das Gesäß mit dem Rand der Liege abschließt. Die Person zieht eines der Beine angewinkelt, maximal weit zum Körper heran. Das andere überhängende Bein wird durch den Tester in einer maximalen, möglichen Hüftextensionswinkel fixiert (Oberschenkel in Horizontale zur Liege). Mit Hilfe des Testers wird nun der Unterschenkel in einen maximale, möglichen Kniebeugewinkel geführt (Unterschenkel parallel / senkrecht zur Liege). Als Messbereich gilt der Winkel zwischen Ober- und Unterschenkel (Kniebeugewinkel) (Janda, 2000, S. 258).	Stufe 0 = *Kein Beweglichkeitsdefizit*; Unterschenkel hängt senkrecht herab Stufe 1 = *Leichtes Beweglichkeitsdefizit*; Unterschenkel erreicht 90° im Kniegelenk nur durch Druck des Testers Stufe 2 = *Deutliches Beweglichkeitsdefizit*; auch durch Druck des Testers erreicht der Unterschenkel keine 90° im Kniegelenk (Janda, 2000, S. 259).	Rechts: 0 Links: 0 Keine Bewegungsdefizite auf der rechten und linken Seite. Uneingeschränkte Bewegung möglich (Janda, 2000)
Mm. Ischiocrurales (Ischiokrurale Muskulatur, Oberschenkelflexoren, Hüftgelenkextensoren)	Der Proband liegt in Rückenlage auf der Liege. Ein Bein wird angewinkelt aufgestellt. Das zu testende Bein wird vom Tester bei gestrecktem Kniegelenk in die maximale mögliche Hüftflexion geführt (Bein wird Richtung Kopf gedrückt). Wichtig: Die Patella bleibt bei der Fixierung durch den Tester unberührt und die Lendenwirbelsäule bzw. das Becken darf nicht von der Liege abheben. Als Messbereich gilt der Winkel zwischen Beinachse und Hüftbeugewinkel (Janda, 2000, S. 261).	Stufe 0 = *Kein Beweglichkeitsdefizit*; 90° Hüftflexion möglich Stufe 1 = *Leichtes Beweglichkeitsdefizit*; 80-90° Hüftflexion möglich Stufe 2 = *Deutliches Beweglichkeitsdefizit*; nur unter 80° Hüftflexion möglich (Janda, 2000, S. 262).	Rechts: 90° möglich Links: 90° möglich Keine Bewegungsdefizite auf der rechten und linken Seite. Uneingeschränkte Bewegung möglich (Janda, 2000).
Mm. Triceps surae (Dreiköpfiger Wadenmuskel)	Auf einer Liege nimmt der Proband die Rückenlage ein. Dabei wird das nicht zu testende Bein angewinkelt, auf der Liege (feste Unterlage) aufgestellt. Das zu testende Bein wird nach vorne gestreckt, wobei der Unterschenkel dabei über das Ende der Liege hinausragt. Nun greift der Tester den Fuß mit einer Hand distal	Stufe 0 = *Kein Beweglichkeitsdefizit*; Bis 0° Dorsalextension möglich Stufe 1 = *Leichtes Beweglichkeitsdefizit*; 0° bei Dorsalextension wird nicht ganz erreicht	Rechts: 0° möglich. Links: 0° möglich. Keine Bewegungsdefizite auf der rechten und linken Seite. Uneingeschränkte

	(von vorne) am Fersenbein, während die andere Hand den Fuß von der Fußaußenkante aus greift. Mit Hauptzug an der Ferse, zieht der Tester das Bein nach vorne. Der Daumen der anderen Hand drückt den Fuß Richtung Kopf und versucht eine maximale Dorsalextension zu erreichen. Als Messbereich gilt die Dorsalextension (Janda, 2000, S. 255).	Stufe 2 = *Deutliches Be-weglichkeitsdefizit*; nur bis 10° unter 0° Stellung Dorsalextension mög-lich (Janda, 2000, S. 255)	Bewegung mög-lich (Janda, 2000).

Testergebnis:

Die Testperson ist zufolge des manuellen Beweglichkeitstests nach Janda sehr gut be-weglich. Bei allen fünf getesteten Übungen hat der Proband weder auf der rechten noch auf der linken Seite Beweglichkeitsdefizite oder Muskelschwächen (Janda, 2000, S. 271). Folglich muss bei der Trainingsplanung des Beweglichkeitstrainings kein expliziter Schwerpunkt auf eine Muskelgruppe gesetzt werden und kann ein Dehnprogramm für den ganzen Körper entstehen.

Betrachtet man die getestete Brustmuskulatur (M. pectoralis major), so ist festzuhalten, dass der Proband allein und ohne jegliche Anstrengung in der Lage war, den Oberarm von in die Horizontale zu bewegen. Es herrscht also kein Beweglichkeitsdefizit (Janda, 2000, S.271).

Auch in der Testung der Hüftbeuge- und Kniestreckermuskulatur (M. iliopsoas und M. rectus femoris) war der Proband ohne weitere Hilfe des Testers in der Lage, die Stufe 0 nach Janda zu erfüllen. Folglich liegen auch hier keine Bewegungsdefizite vor. (Janda, 2000, S.258, 259). Auch die Frage des Testers, ob ein unangenehmes Ziehen bei der Durchführung beider Übungen vorhanden ist, wurde verneint. Im Bereich der ischokrura-len Muskulatur (Oberschenkelflexoren und Hüftgelenkextensoren) wurde beidseitig die Hüftflexion im Ausmaß von 90° erreicht (Janda, 2000, S. 262). Folglich herrscht auch hier kein Beweglichkeitsdefizit. Auch die Testung des Wadenmuskels (Mm. triceps surae) zeigt, dass hier keine Beweglichkeitseinschränkungen vorliegen, da es der Person möglich ist, links und rechts eine Dorsalextension von 0° zu durchzuführen (Janda, 2000, S. 255).

3   Trainingsplanung Beweglichkeitstraining

Tab. 3: Trainingsplanung für das Beweglichkeitstraining

Gelenk / Bereich	Zielmuskulatur	Dehnübung / Durchführung	Dehnmethode	
			Dehn-form	Arbeits-weise
Nackenmuskulatur	M. trapezius pars descendens (Trapezmuskel, oberer Anteil) M. serratus anterior (vorderer Sägemuskel)	Die Ausgangsposition dieser Übung ist der Stand. Der Kopf wird langsam zur rechten Seite geneigt. Der Blick ist nach vorne gerichtet. Die gegenüberliegende Schulter wird aktiv nach unten gezogen, um nun die Dehnung der Nackenmuskulatur zu ermöglichen. (Dehnform: aktiv). Die linke Hand liegt flach auf der rechten Seite des geneigten Kopfes und zieht diesen zur kontralateralen Seite. (Dehnform: passiv). Diese Position wird ca. 30 Sekunden statisch gehalten.	Kombination aus Aktiv und Passiv	Statisch
Schulterblatt-fixatoren	M. trapezius (Trapezmuskel oder Kapuzenmuskel) Mm. rhomboidei (Routenmuskel)	Die Ausgangsposition der Übung ist der Stand. Vor dem Körper werden die Hände verschränkt. In Schulterblatthöhe werden nun die Arme von dem Körper weggestreckt. Aktiv werden die Schulterblätter von der Wirbelsäule nach vorne weggezogen, damit die Dehnung erfolgt. Schultern bleiben tief und der Kopf wird mit nach vorne geneigt. Ein dynamischer Wechsel erfolgt indem, die Spannung leicht gelöst wird und die Schulterblätter ein wenig Richtung Wirbelsäule zurückgeschoben werden. Der Kopf wird dabei leicht angehoben.	Aktiv	Dynamisch
Hintere Schulterblattmuskulatur	M. deltoideus pars spinata (Deltamuskel, hinterer Anteil) M. trapezius pars transversa (Trapezmuskel, mittlerer Anteil)	Die Ausgangsposition dieser Übung ist der Stand. Von hier aus wird ein Arm mit gebeugtem Ellbogengelenk vom Körper weggestreckt und in Schulterhöhe vor dem Körper, mit der Hand des anderen Arms, am Ellbogen fixiert. Nun übt die Hand Druck auf den Ellenbogen aus um somit den angewinkelten Arm zum Körper zu schieben. Somit entsteht die Dehnung.	Passiv	Statisch

	Mm. rhomboidei (Routenmuskel)			
Brustmuskulatur	M. pectoralis major (Großer Brustmuskel)	Die Ausgangsposition ist der hüftbreite Stand, Blick ist nach vorne gerichtet. Bauchnabel wird Richtung Wirbelsäule gezogen. Beide Arme werden seitlich angehoben in angewinkelt Form. Die Hände sind aufgedreht auf Schulterhöhe, die Handflächen zeigen nach vorne. Die Ellenbogen ziehen leicht nach hinten und unten. Der Brustkorb wird geöffnet. Nun werden die Arme gemeinsam langsam-kontrolliert in rhythmischen Bewegungen nach hinten bewegt, bis eine Dehnung spürbar ist. Der Schultergürtel wird dabei stabil frontal gehalten.	Aktiv	Dynamisch
Seitliche Rumpfmuskulatur	M. latissimus dorsi (breiter Rückenmuskel) M. obliquus externus abdominis (äußerer schräger Bauchmuskel) M. obliquus internus abdominis (innerer schräger Bauchmuskel)	Die Ausgangsposition ist ein leichter, aufrechter Seitgrätschstand. Ein Arm wird maximal weit, abgespreizt über den Kopf gestreckt. Der andere Arm stützt sich in der Hüfte ab. Um eine Dehnung zu erzeugen, zieht nun der gestreckte Arm, bei gerader Beinachse so weit wie möglich über den Kopf zur andern Körperseite. Der Körper neigt sich leicht zur Seite. Der Brustkorb bleibt aufgerichtet. Diese Position wird nun statisch für mehrere Sekunden gehalten und dann wird die Seite gewechselt.	Aktiv	Statisch
Rückenstrecker	Mm. erector spinae (autochthone Rückenmuskulatur)	Die Ausgangsposition ist der Kniestütz (Vierfüßlerstand) auf einer stabilen Bodenmatte. Bei senkrechten Oberschenkeln und Armen wird der Oberkörper maximal nach hinten durchgebogen. Baumuskeln werden angespannt. Der Kopf wird gleichzeitig in den Nacken gelegt und der Blick geht Richtung Decke. Anschließend wird	Aktiv	Dynamisch

		der Oberkörper rund nach oben gebogen indem der Bauch eingezogen wird. Der Kopf senkt sich nach unten, das Kinn geht Richtung Brustkorb. Den Oberkörper nun fließen zwischen den beiden Positionen bewegen und an den Endpunkten jeweils einige Sekunden lang halten.		
Vordere Oberschenkelmuskulatur	M. quadriceps femoreis	Die Ausgangsposition ist der Einbeinstand. Ein Bein wird angewinkelt zum Gesäß gezogen und am Sprunggelenk mit der gleichseitigen Hand festgehalten. Die Knie sind parallel. Nun wird die Hüfte langsam nach vorne gedrückt, bis der Dehnreiz einsetzt. Im dynamischen Wechsel wird die Hüfte nach vorne und dann wieder in ihre Ausgangsposition geschoben. Um das Gleichgewicht zu halten, wird ein Punkt am Boden fixiert.	Passiv	Dynamisch
Rückseitige Oberschenkelmuskulatur	M. biceps femoris (zweiköpfiger Oberschenkelmuskel) M.Semimembranosus (Plattsehnenmuskel) M. Semitendinosus (Halbsehnenmuskel)	Die Ausgangsposition ist die Rückenlage auf einer Bodenmatte. Ein Bein wird angewinkelt aufgestellt, während das andere, zu dehnende Bein, gestreckt in die Luft gehoben wird. Die Zehenspitzen schauen zum Oberkörper. Der Partner kniet mit aufrechtem Körper vor dem gestreckten Bein. Die zu dehnende Muskulatur wird 6-10Sek. Isometrisch kontrahiert, dann für 2-3- Sek völlig entspannt. Nun übt der Partner 6-10 Sekunden deutlichen Druck auf das Bein aus und drückt es in Richtung Oberkörper. Dann wird wieder entspannt. Einige weitere Male wird die Dehnung wieder durch den Trainingspartner durchgeführt.	Passiv	Postisometrisch
Gesäßmuskulatur	M. glutaeus maximus (großer Gesäßmuskel) M. glutaeus medius (mittlerer Gesäßmuskel)	Die Ausgangsposition ist sitzend, mit langgestreckten Beinen auf einer Bodenmatte. Nun wird das rechte Bein, angewinkelt über das andere langgestreckte linke Bein gestellt. Das angewinkelte Bein wird mit beiden Armen am Schienbein umfasst und zum Oberkörper herangezogen. Um die Dehnung zu verstärken, kann das Bein	Passiv	Statisch

		ein klein wenig nach rechts gezogen werden. Der Oberkörper bleibt während der Übung aufrecht.		
M. glutaeus minimus (kleiner Gesäßmuskel)				
Wadenmuskulatur	M. gastrocnemius (Zwillingswadenmuskel) M. soleus (Schollenmuskel)	Die Ausgangsposition ist der Stand. Ein Bein (das zu dehnende) seht leicht versetzt vor dem andern Bein (leichter Ausfallschritt). Nun wird die Fußspitze des vorderen Beines leicht Richtung Oberkörper gezogen. Das gesamte Bein bleibt dabei gestreckt. Das andere Bein ist leicht gebeugt. Der Oberkörper bleibt aufrecht. Im dynamischen Wechsel wird die Fußspitze nun angezogen und wieder locker gelassen.	Aktiv	Dynamisch

Tab. 4: Belastungsgefüge des Dehnprogramms

Parameter		Festgelegter Wert	Begründung
Trainingshäufigkeit pro Woche		2-3 Mal pro Woche	Zum Erhalt der Flexibilität und der Verbesserung des individuellen Bewegungsumfanges sollte die Person mindestens 2-3-mal pro Woche dehnen. (Rancour, Holmes & Cipriani, 2009).
Sätze pro Übung	Statisch	3 - 4	Die Satzzahl des statischen Dehnens sollte 4 Sätze nicht überschreiten, da das Dehnen sonst eher kontraproduktiv sein kann (Freiwald, 2000).
	Dynamisch	Mind. 2 Sätze pro Seite	Die Satzzahl orientiert sich hier an der Dehndauer bzw. der Anzahl der Dehnbewegungen. Verringert die Person die Anzahl der dynamischen Bewegungen so kann die Satzhöhe auf 3-4 erhöht werden (Schwichtenberg, 2012).
	Postisometrisch	2-3	Das subjektive Schmerzempfinden spielt eine elementare Rolle bei dieser Dehnmethode. Deshalb sollte man die Person nicht zu sehr unter Stress stellen und die Sätze eher gering halten.
Dehndauer	Statisch	Bis zu 45 Sekunden	Die Dehndauer sollte bei maximal 45 Sekunden liegen, da eine längere Dehndauer keinen Mehreffekt bringt. Allerdings sollt darauf geachtet werden,

			dass beim Aufwärmen das Dehnen nur zwischen 5-8 Sekunden liegen sollte, das es sonst zu einem Absenken des Muskeltonus kommen kann. (Freiwald, 2000).
	Dynamisch	20-30 Hin-und Her Bewegungen pro Seite (ca. 45 Sek.)	Durch die ständige rhythmischen Schwungbewegungen und Kontraktionen werden die intermuskuläre Koordination, sowie die Durchblutung gefördert. Das dynamische Dehnen ist sehr gut geeignet für die Aufwärmphase der Testperson. (Grosser & Starischka, 1998).
	Postisometrisch	ca. 60 Sek. 6-10 Sek. Isometrische Kontraktion der Muskulatur 2-3 Sek. Muskulatur-entspannung 10-20 Sek. Halten der Dehnposition (Hohmann, Lames, Letzelter, 2002).	Durch die höhere Amplitude während gleichbleibendem Muskeltonus, gewöhnen sich die Muskelspindeln effektiver an den neuen Bewegungsradius. Somit kann die Person eine höhere Beweglichkeit erreichen. Die Muskelaktivität wird reduziert und es wird keine Gegenspannung aufgebaut. (Maehl & Höhnke 1988).Aufgrund empirischer Studien ist diese Dehndauer ließen sich hier bei der Dehndauer von 6-10 Sek. Keine signifikanten Unterschiede herleiten. (Y-linen, 2009).
Intensität	Statisch	Leicht bis stark, angenehm ziehend, „maximales" Dehnen nach Wunsch und Schmerzempfinden	Das „maximale" Dehnen führt kurzfristig zu einer signifikanten Verbesserung der Bewegungsreichweite und kann sehr gut beim statischen Dehnen eingesetzt werden. (Marschall, 1999)
	Dynamisch	Leicht bis stark, angenehm ziehend, langsam und kontrolliert, eher „weiches" dehnen	Wichtig ist, dass die Bewegung kontrolliert durchgeführt wird und von dem Gefühl bestimmt wird, sich langsam in den Muskel einzuschleichen, damit sich somit allmählich der Dehnwiderstand verschiebt. Die Geschwindigkeit der Ausführung ist eher gering, somit findet das Auslösen des Muskelreflexes mit der einhergehenden Spannungserhöhung in dem zu dehnenden Muskel nicht statt (Schwichtenberg, 2012).
	Postisometrisch	„maximales" Dehnen	Um einen maximalen Erfolg zu erzielen wir hier maximal 10-20 Sekunden die Position gehalten und gedehnt.

Ziel des Dehntrainings ist die Verbesserung und Sicherung der Beweglichkeit, um eventuelle Beweglichkeitsdefizite vorzubeugen und zu beseitigen.

In dem ausgewählten Dehnprogramm werden möglichst viele Muskelgruppen angesprochen. Um eine sinnvolle Reihenfolge zu gewährleisten werden die Dehnübungen beginnend am Kopf über den Körper bis hin zum Fuß durchgeführt. Aufgrund des makellosen Gesundheitszustandes, der sportlichen Vorkenntnisse und des problemlosen Abschneidens bei der Beweglichkeitstestung kann die Person etwas stärker belastet werden und 2-3 Mal pro Woche dehnen, wobei ein tägliches Dehnprogramm optimal wäre (Rancour, Holmes & Cipriani, 2009). Jedoch trainiert die Person im Kraftsportbereich, welches die gleichen Effekte wie das Dehnen hervorrufen kann (vorausgesetzt ist jedoch die volle „Range of Motion" der Übungen), und deswegen ist es nicht notwendig täglich zu dehnen. (Simao et al, 2011). Das „maximale" Dehnen macht bei der Person Sinn, da diese eine hohe tolerierbare Schmerzgrenze hat und den Ehrgeiz, sich im Sport immer weiter zu verbessern. Durch diese Dehnintensität wird zumindest kurzfristig die Bewegungsreichweite verbessert (Schönthaler & Ohlendorf, 2002). Eine Mischung aus statischen, dynamischen und postisometrischen Übungen macht das Dehnen abwechslungsreich.

4   Trainingsplanung Koordinationstraining

Tab. 5: Trainingsplanung Konditionstraining mit Schwerpunkt Gleichgewicht

Übung	Hilfs-mittel	Bewegungsablauf	Afferente Verarbei-tung	Druckbedin-gungen
Auf einem Bein stehen	keine	Die Person stellt sich auf ein Bein und versucht Ihr Gleichgewicht für einige Sekunden statisch zu halten. Der Oberkörper bleibt aufrecht und das Knie wird leicht nach vorne gestreckt. Die Arme sind seitlich in den Hüften oder waagerecht vom Körper weggestreckt. Der Untergrund ist stabil.	Kinästhe-tisch, Taktil	Präzisions-druck
Balancieren auf einem Tau in „S"-Form	Tau (Ball)	Ein Seil wird in „S-Form" auf den Boden gelegt. Die Person versucht nun, in kleinen Schritten auf dem Seil der Form nachzugehen. Die Arme sind zu Balance waagerecht vom Körper gestreckt. Blick ist	Kinästhe-tisch, Taktil	Präzisions-druck, Komplexi-tätsdruck

		nach vorne gerichtet. Um den Schwierigkeitsgrad zu erhöhen, kann noch ein Ball während des Gehens gedribbelt werden.		
Hüpfen auf 2 Füßen mit geschlossenen Augen (Untergrund Weichbodenmatte)	Matte Partner	Die Person schließt beide Augen und hüpft mit beiden Beinen auf der Stelle. Vor ihr liegt eine weiche Matte. Nun hüpft die Person auf der weichen Matte hoch und runter. Augen sind geschlossen. Um den Schwierigkeitsgrad zu erhöhen, hüpft die Person durch Zuruf im Wechsel von Matte auf Boden und versucht das Gleichgewicht zu halten. Die Augen bleiben geschlossen.	Kinästhetisch, Taktil, Akustisch	Variabilitätsdruck, Präzisionsdruck Komplexitätsdruck, (Zeitdruck)
Kniestand auf 2 instabilen Flächen	2 Balancepads 1 Tennisball	Die Person kniet sich mit einem Bein auf das Balancepad (Alternativ: 2 Redondobälle mit wenig Luft) und setzt das andere Bein vor sich, auf ein weiteres Balancepad, auf. Nun versucht Sie die Balance zu halten, während ein Tennisball hochgeworfen und wieder aufgefangen werden muss. Der Oberkörper ist aufgerichtet.	Kinästhetisch, Taktil, Stacio-dynamisch	Präzisionsdruck, Komplexitätsdruck, Organisationsdruck
2 Beinstand auf Therapiekreisel + Kniebeuge	Therapiekreisel	Die Person stellt sich mit beiden Beinen etwa hüftbreit auf einen Therapiekreisel und versucht die Balance zu halten. Sobald sich die Person sicher fühlt, macht Sie langsam eine leichte Kniebeuge. Die Arme gehen bei der Kniebeuge waagerecht vor dem Körper hoch, Knie werden nach außen gedrückt.	Kinästhetisch, Taktil	Präzisionsdruck, Organisationsdruck
Standwaage halten und Bälle auf Zuruf fangen	Verschiedene Bälle Partner	Die Trainingsperson steht auf einem Bein. Das andere Bein geht waagerecht nach hinten in die Luft und der Oberkörper kommt in die Horizontale. Diese Position wird statisch gehalten. Nun wirft Ihr der Partner auf Zuruf, verschieden große und schwere Bälle zu, welche gefangen werden müssen, ohne aus dem Gleichgewicht zu geraten. Nach Belieben kann ein unstabiler Untergrund hinzugefügt werden.	Kinästhetisch, Akustisch Stacio-dynamisch	Präzisionsdruck, Komplexitätsdruck, Organisationsdruck, Variabilitätsdruck
Ausfallschritt, Vorderfuß auf Zehenspitze mit Hantel	1x 6kg Hantel	Die Person hält eine Hantel in der rechten Hand. Mit dem linken Fuß macht Sie einen Ausfallschritt nach vorne. Dabei stellt Sie sich auf die Zehenspitze des Vorderfußes. Hinterer Fuß ist aufgesetzt. Das Gewicht	Kinästhetisch, Taktil	Präzisionsdruck, Organisationsdruck

		bleibt mittig verlagert. Dann wird das Bein gewechselt.		
Einbeinstand auf Minitrampolin und Basketball in Korb werfen	Mini-trampo-lin 1 Bas-ketball	Die Person steht im Einbeinstand auf einem Mini-Trampolin. Das andere Bein schwingt dynamisch vor-und zurück. Der Oberkörper bleibt ruhig aufgerichtet. Nun versucht die Person, während das Bein schwingt, einen Basketball, in den vor ihr hängenden Korb zu werfen. Sie hat 30 Sekunden Zeit, so viele Körbe wie möglich zu treffen.	Kinästhe-tisch, Taktil, Stacio-dy-namisch	Präzisions-druck, Zeit-druck, Orga-nisations-druck
Gehen über verschiedene Therapie-kreisel	Ver-schie-dene Thera-piekrei-sel Partner	Es werden ca. 6 Therapiekreisel in kleinen Abständen hintereinander aufgebaut. Jene unterscheiden sich in Größe, Material und Schwierigkeitsgrad. Nun versucht die Person über alle Therapiekreisel zu laufen, ohne das Gleichgewicht zu verlieren. Der Schwierigkeitsgrad kann erhöht werden, indem Sie auf jeden Kreisel mit 2 Füßen aufkommen und die Balance halten muss, bevor Sie zum nächsten Kreisel vorgeht. Nach ach einigen Probeversuchen kann das Ganze mit geschlossenen Augen durchgeführt werden. Ein Partner kann zur Hilfestellung nebendran mitlaufen.	Kinästhe-tisch, Taktil, Optisch	Präzisions-druck, Kom-plexitäts-druck, Varia-bilitätsdruck
Vier-Füßler Stand auf Pezziball	Pezzi-ball	Die Person versucht im Vier-Füßler Stand auf einem Pezziball zu knien und diese Position für einige Sekunden zu halten.	Kinästhe-tisch, Taktil, Stacio-dy-namisch	Präzisions-drück

Tab. 6: Belastungsgefüge des Koordinationstrainings

Parameter		Festgelegter Wert	Begründung
Trainingshäufigkeit pro Woche		2-3Mal (Chwilkowski, 2006).	Zur Erzielung des gewünschten Trainingseffektes und der Verbesserung der Tiefensensibilität, sowie der Körperwahrnehmung, sollte mindestens 3 Mal pro Woche trainiert werden. Das Training sollte zwischen 10 und maximal 45 Min. liegen, da hier das neuromuskuläre Nervensystem durch die koordinativ anspruchsvollen Übungen stark gefordert wird und die Ermüdung zu groß wird. (Häfelinger & Schuba, 2007)
Sätze pro Übung		3 – 5 Sätze pro Seite (Chwilkowski, 2006).	Hier ist das subjektive Empfinden der Person gefragt. Die Sätze der Gleichgewichts- und Koordinationsübungen sollen die Trainingsperson fordern und das Training für die Person anspruchsvoll wirken lassen.
Satzpausen		30 Sekunden (Chwilkowski, 2006).	Der Körper benötigt eine kurze Erholung um dann wieder den nächsten Reiz / Impuls zu verarbeiten. Da die Person HIIT-Training macht, ist Sie an die kurzen Pausen bereits gewöhnt.
Belastungsdauer	Statisch	30 Sekunden (Chwilkowski, 2006).	Betrachtet man die Komplexität der Übungen, so wird hier mit der statischen sowie dynamischen Belastungsdauer ein wirkungsvoller Trainingsreiz gesetzt.
	Dynamisch	15-20 Wiederholungen (Chwilkowski, 2006).	

Jeder festgelegte Wert des Belastungsparameters, ist jegliche ein Orientierungswert für die Person. Es ist von höchster Wichtigkeit, dass der Trainer aufmerksam beobachtet, in wie fern der individuelle Ermüdungsgrad der Person vorangeschritten ist und darauf reagiert, indem er das Belastungsparameter an das Trainings anpasst. Es wäre auch nicht von Nachteil, ein Koordinationstraining täglich durchzuführen. Jedoch müsste hier der Umfang (Zeitlicher Rahmen, Komplexität der Übungen) verringert werden, da die Person noch weitere Sportarten betreibt und eine Überforderung kontraproduktiv wäre.

Die Reihenfolge der Übungen, sowie die Methodik der Übungsauswahl ist von leicht nach schwierig, bzw. einfach zu komplex gestaffelt, wobei das eher relativ zu betrachten ist, denn was dem einen leicht fällt, mag eine Herausforderung für dem andern sein. Das

Training beginnt mit weniger komplizierten Übungen welche sich, mit Fortschreiten des Trainings in ihrer Komplexität steigern. Da die Person durch ihre sportlichen Vorkenntnisse (vor allem das jahrelange Trampolin springen) schon eine sehr gute Körperwahrnehmung besitzt, ist die Übungsauswahl durch verschiedene Kombinationstechniken (z.B. Balancepad und Ball) etwas anspruchsvoller gestaltet. Außerdem spielt ihr guter Gesundheitszustand, welcher auf einen intakten Gleichgewichtssinn, eine gute muskuläre Stabilisationsfähigkeit und absolute Schmerzfreiheit hinweist, eine elementare Rolle in der Übungsauswahl und deren Reihenfolge.

Durch die Veränderung der Körperausgangsstellung, der Druckbedingungen, sowie der Hilfsmittel, kann jede Übung vom Schwierigkeitsgrad her methodisch sinnvoll verändert werden. Vorteil der Balancegeräte ist, dass sie eine propriozeptive Instabilität kreieren, wodurch die entsprechenden Rezeptoren noch besser stimuliert werden und somit das Gleichgewicht der Person noch besser trainiert wird. (Häfelinger & Schuba, 2007).

Es ist zu beachten, dass sich die Person vor dem Koordinationstraining etwa 5-10 Minuten aufwärmen sollte, damit es nicht zu einer Verletzung der Gelenke und des Bewegungsapparats kommt. Allerdings sollte sie nach dem Aufwärmen noch eine gute Konzentration haben und nicht völlig erschöpft sein (Chwilkowski, 2006). Das propriozeptive Training sollte immer am Anfang einer Trainingseinheit durchgeführt werden. Des Weiteren ist zu beachten, dass die Person immer eine korrekte achsengerechte Körperhaltung bei der Ausführung der Übungen beibehält und der Trainier die Zielübung nach Bedarf demonstriert.

5 Literaturrecherche

Tab. 7: Literaturrecherche zur Bewegungsreichweite bzw. Dehnungsspannung https://www.research-gate.net/profile/Franz_Marschall2/publication/228118165_Wie_beeinflussen_unterschiedliche_Dehnintensitaten_kurzfristig_die_Veranderung_der_Bewegungsreichweite/links/54ef30590cf25f74d721b6ee.pdf

http://www.zeitschrift-sportmedizin.de/fileadmin/content/archiv2002/heft03/a01_0302.pdf

Effekte des Dehnens im Hinblick auf die Bewegungsreichweite bzw. auf die Dehnungsspannung		
Titel	Wie beeinflussen unterschiedliche Dehnintensitäten kurzfristig die Veränderung der Bewegungsreichweite	Bewegungsreichweite, Zugkraft und Muskelaktivität bei eigen-bzw. fremdregulierter Dehnung
Studienautor	Franz Marschall	Sabine Glück, Markus Schwarz, Uwe Hoffmann, Georg Wydra
Publikationsjahr	1999	2002
Versuchspersonen	21 Versuchspersonen (9 Frauen, 12 Männer; Alter 24,8±3,4 J.; Größe 172,9±8,5 cm; Gewicht 66,6±11,0 kg)	27 Sportstudenten (11 Frauen, 18 Männer; Alter 25± 2 J.; Größe: 176±8 cm; Gewicht: 68±10 kg)
Versuchsaufbau	*Prüfung zur Auswirkung von unterschiedlich intensiven mechanischen Dehnbelastungen der ischiocruralen Muskulatur auf die maximale Bewegungsreichweite unter Beobachtung der Veränderung des Gelenkwinkelbereiches* Vor Versuchsdurchführung: -Fragebogen zu Motivation und subjektivem Befinden - zufällige Zuweisung der zu dehnenden Beinseite sowie Reihenfolge der Trainingsprozedur -Festlegung von Effektstärke 0,8 und Teststärke 80% -Einteilung des Dehnens nach Intensitätsstufen „weiches" Dehnen DS und Dehnen an der Schmerzgrenze Dmax Durchführung:	*Testung maximaler **Bewegungsreichweite (BRmax)**, Zugkraft (ZK) und maximal tolerierte Zugkraft (ZKmax)* Testzeitraum: 5 Wochen Zufällige Einteilung in 3 Gruppe; jede gruppe führt 3 Tests durch: Durchführung: 5-minütige Erwärmung vor jedem der 3 Tests (Fahrradergometer mit 1,5 Watt/kg) Test 1: Direkte Eigendehnung (DE) (=Eigengewicht) durch selbstständiges Dehnen über Seilzug Test 2: Indirekte Eigendehnung (IE) (= Maschine) durch selbstständige Bedienung eines Motors Test 3: Indirekte Fremddehnung (IF) (=Maschine, Partner) durch Zurufe des Testleiter

	-Zufällige Einteilung der Personen in „Weiches Dehnen" und „Maximales Dehnen" nach Vortest (Fahrradergometer mit 1,5 Watt/kg Belastung und Kniegelenkbeugung) zur Dmax -Untersuchung auf *Ott und Schönthaler* entwickeltem Messtisch; fixierte Wirbelsäule und Gegenbein, elektrische Steuerung mit konstanter Geschwindigkeit von 1,5°/s mit kurzzeitigem Halten der Dehnposition von <2 s. Winkelmessung erfolgt über Dehnimpulsgeber -15 Wiederholungen ohne Pause in der Neutral -0°-Position des Hüftgelenkes bis zur individuellen Grenze der Versuchsperson	Erfassung folgender Parameter während der 3 Tests: -BRmax durch dreidimensionales Bewegungsanalysesystem -ZK der ersten BRmax mit ZKmax mit Hilfe eines Dehnungsmessstreifens -Muskelaktivität des M.biceps femoris als Integral mittels EMG-Verstärker Testperson wird in Rückenlage auf Apparatur fixiert mit Hüftflexionswinkel von 45°, 15 maximale Dehnungen des Testbeines in direkter oder indirekter Eigendehnung bzw. indirekter Fremddehnung mit Zeitintervall von 1,5 S. vor und nach jeder einzelnen Dehnung
Ergebnisse	-Differenz der Dmax zwischen Vortest und Nachtest beträgt im Mittel 7,24± 4,19° bei maximaler Intensität und 3,29±4,52° bei submaximaler Intensität („Weiches" Dehnen) -Bedeutsame Veränderung der Bewegungsreichweite bei maximaler Intensität (Differenz =6,24°) im Vergleich zur submaximalen Intensität -Keine Verschiebung der Dehnschwelle im größeren Winkelbereich (Differenz=0,43°) -Motivation und Tagesform haben keine Auswirkungen	**Maximale Bewegungsreichweite:** Signifikante Unterschiede zwischen direkter und indirekter Eigendehnung und hochsignifikante Unterschiede direkter Eigendehnung und indirekter Fremddehnung Direkte Eigendehnung (110,7°) 5% höher als bei indirekter Eigendehnung (105,7°) und indirekter Fremddehnung (105,4°). Jedoch kein Unterschied zwischen den beiden indirekten Verfahren. Ebenfalls erwähnenswert: ZK = keine signifikanten Gruppenunterschiede ZKmax = keine nachweisbaren Unterschiede
Schlussfolgerungen	Kurzfristige, signifikante Verbesserung der maximalen Bewegungsreichweite bei beiden Intensitätsstufen, deshalb durchaus als praktisch bedeutsam zu betrachten.	Hochsignifikante Überlegenheit der direkten Eigendehnung von 5% und somit bedeutend für die Praxis.

6   Literaturverzeichnis

Chwilkowski, C. (2006). Medizinisches Koordinationstraining – Verbesserung der Hal-
tungs- und Bewegungskoordination durch Propriozeption (2. Aufl.). Köln: Deut-scher
Trainer Verlag.

Freiwald, J. (2000). Dehnen im Sport und in der Therapie. *Die Säule*, 4 (1), S. 28-33.

Grosser, M. & Starischka, S. (1998). *Das neue Koordinationstraining*. (7.Aufl.). München:
BLV Verlagsgesellschaft mbH.

Glück, S., Schwarz M., Hoffmann U. & Wydra, G. (2002). Bewegungsreichweite, Zugkraft
und Muskelaktivität bei eigen-bzw. fremdregulierter Dehnung. *In: Deutshe Zeitschrift für
Sportmedizin*, 3. Zugriff am 10.10.2017. http://www.zeitschrift-sportmedizin.de/filead-
min/content/archiv2002/heft03/a01_0302.pdf

Häfelinger, U. & Schuba, V. (2007). *Koordinationstherapie – propriozeptives Training* (3.
Aufl.). Aachen: Meyer & Meyer.

Hohmann, A., Lames, M. & Letzeler, M. (2002).. *Einführung in die Trainingswissenschaft*.
(2. Aufl.) Wiebelsheim: Limpert.

Janda, V. (2000). *Manuelle Muskelfunktionsdiagnostik*. (4. Aufl.). München: Urban und Fischer.

Maehl, O. & Höhnke O. (1988). *Aufwärmen: Anleitungen und Programme für die Sportpra-
xis*. Ahrensburg bei Hamburg :Czwalina.

Marschall, F. (1999). Wie beeinflussen unterschiedliche Dehnintensitäten kurzfristig die
Veränderung der Bewegungsreichweite? *In: Deutsche Zeitschrift für Sportmedizin*, 50, S.
5-9. Zugriff am 10.10 2017. Verfügbar unter https://www.researchgate.net/pro-
file/Franz_Marschall2/publication/228118165_Wie_beeinflussen_unterschiedli-
che_Dehnintensitaten_kurzfristig_die_Veranderung_der_Bewegungsreich-
weite/links/54ef30590cf25f74d721b6ee.pdf

Rancour, J., Holmes, C. F. & Cipriani, D. J. (2009). The effects of intermittent stretching following a 4-week static stretching protocol: a randomized trial. *Journal of Strength and Conditioning Research, 23* (8), 2217-2222.

Schönthaler, S. R. & Ohlendorf, K. (2002). *Biomechanische und neurophysiologische Veränderung nach ein- und mehrfach seriellem passiv- statischem Beweglichkeitstraining.* Köln: Sport und Buch Strauß.

Schwichtenberg, M. & Jordan, A. (2002).*Kräftigen und Dehnen* (3. Überarbeitete Auflage 2012). Aachen: Meyer & Meyer.

Simao R, Lemos A, Salles B, Leite T, Oliveira E, Rhea M, Reis VM. (2011). The influence of strength, flexibility, and simultaneous training on flexibility and strength gains. Journal of Strength and Conditioning Research, 25,1333–1338. [PubMed].

Yilen, J. (2009). Atlas der Muskeldehnungstechniken. München: Urban und Fischer Verlag.

7 Abbildungs- und Tabellenverzeichnis

7.1 Tabellenverzeichnis